[1]

# RETAZOS DE MI INTIMIDAD

## Livia Ortiz

[4]

*Este libro surgió por la necesidad de expresar con frecuencia mi forma de pensar, de sentir y de asumir la vida; sin pretensiones de última hora ni mucho menos con alardes de sabiduría.*

*Es mi primer compendio honesto de frases y citas que son de mi autoría , que he recopilado a lo largo de mi vida para sacar a flote mis más íntimas emociones. Aquí encontrarán una aleación diversa de palabras mezcladas con fotografías de mi álbum personal que quise compartir con ustedes en esta oportunidad.*

*Mis frases agrupan diferentes sentimientos que van desde la alegría extrema hasta la incomprendida tristeza, que reflejan el amor eterno y también el no correspondido, la decepción y la esperanza; pero todos ellos son resultado de vivencias reales que me han marcado y me han hecho ver el universo de la forma que expongo en estas páginas.*

*Espero que algunos encuentren similitudes con mis experiencias personales, y se sientan identificados con mis ideas; pero si muchos otros están en desacuerdo con la mayoría de ellas, será de todas formas una ganancia, porque mi libro es una apología al respeto por la diferencia...*

1. No es que seas perfecto, es que te ajustas por completo a mis requisitos…

2. Tengo la manía de pensarte a toda hora…

3. Cuando estas a mi lado mi alma ríe a carcajadas aunque mis labios estén cerrados…

4. La distancia no es un impedimento, es solo una excusa…

[8]

5. Si voy de tu mano, es más fácil encontrar el paraíso en cada esquina....

6. Siempre estas apostado en mi cabeza como un árbol que no se cansa de echar raíces...

7. Si mi amor por ti tiene un final... ¿Por qué nunca llego a ese punto?

8. Tus ojos son tan bellos, que parecen inspirados en un cuento de hadas...

[10]

9. Extrañarte no es sufrir tu ausencia, extrañarte es recordar cómo cambia todo cuando estás aquí…

10. No me preguntes por qué te amo así; mejor busca la forma de corresponderme…

11. Si solo perteneces a mis sueños, por favor aparece en ellos todas las noches…!

12. Yo perdono, pero después tomo precauciones…

[12]

13.	Entregarse a alguien es olvidar que somos dos mundos distintos para girar en un solo universo, empujados por los mismos sueños, sujetos a las mismas coordenadas…

14.	Si crees en la brisa que te toca y que no ves. Cree también en el amor que sin tener forma ni color se te clava en el alma sin poder evitarlo…

15.	Siempre estaré aquí para apoyarte y remendar tus alas cuando estén rotas…

[14]

16. Nada ganas con callar tus sentimientos si ellos viven gritando dentro de ti todo el tiempo…!

17. Comprendí que las promesas tienen margen de error y que es mejor asumir la vida día a día…!

18. Una decepción no es el fin del mundo, es solo una cicatriz de guerra…

19. Crees en lo imposible cuando tu fe se hace más fuerte que tu miedo y ves ruedas en un mundo que no se mueve…!

[16]

20.   No te creas que yo soy la más buena, solo procuro mantener aseada mi conciencia limpiándola de vez en cuando…

21.   Prefiero ser la pared que recibe los golpes y desaires de la vida, a ser la piedra afilada que los causa…!

22.   Tengo miedo de tener tanto y luego no disfrutar de nada…!

23.   ¿Cómo puedes dudar de la existencia de Dios, si tu existes gracias a él...?

[18]

24.  Siempre esperaré tu regreso suceda o no…!

25.  Es muy posible que alguien encuentre un tesoro en la basura que tiras…!

26.  Si tienes una verdad dentro de ti y nunca la expresas, esa verdad empieza a convertirse en mentira…

27.  Todos somos imperfectos pero cuando amamos a alguien le adornamos los defectos…

[20]

28.    Para vivir quiero tu compañía, para soñar quiero tu vaporosa esencia y para amar quiero tu nombre escrito en mis principios y finales, en mi sur y en mi norte…!

29.    Después de conocerte aumentaron mis niveles de exigencia y mis expectativas quedaron por las nubes…!

30.    Eres impresionantemente atractivo, gentil, caballeroso y hasta enigmático; ojalá no tengas mucho dinero porque perderías todo el encanto…!

31.    No se cede a las tentaciones cuando tienes un criterio claro, y una personalidad firme…

[22]

32.	No busco un hombre que derrita a mis amigas, busco uno que no pretenda enamorarlas…!

33.	Me gusta un hombre que renuncia a su condición de conquistador, que no es mujeriego y que no sale corriendo detrás de cada falda que se le cruza…

34.	Es más valiente el hombre que ama y respeta a una sola mujer; que aquel, que divide y entrega su corazón como si fueran pequeñas parcelas a la venta..!.

[24]

35.    Me gustas porque eres autentico, y no pretendes ser quien no eres, porque vives en un mundo real que no inventas y tienes algo que la gente está perdiendo…PALABRA…!

36.    Si, si, si, todas las mujeres tenemos lo mismo pero no todas lo administramos de la misma forma…!

37.    Te extraño más allá de la falta que me haces….

38.    Puedo lidiar con los defectos de una persona, pero no con sus malos modales…

39.	Confiaré ciegamente en ti, hasta que me des razones para dudar de ti, o para no creerte…

40.	La confianza es como la magia, después que se rompe se esfuma…!

41.	De nada sirven las palabras, cuando tus actos echan por tierra todo lo que dices…!

42.	No me digas que jamás vas a irte, mejor dime que jamás vas a dejarme, pues adonde vayas yo voy contigo…

43.	Las mentiras son adictivas y si las dices a menudo se convierten en un vicio…!

44.	Cuando encuentras tu alma gemela, la búsqueda termina y todas tus preguntas encuentran respuesta en un solo nombre…!

45.	Cuando engañas a una persona, te engañas a ti mismo porque eres el obrero de una mentira.

46.	La verdad casi siempre es una espada que lastima, pero es mejor una herida que sangre y duela un tiempo, a vivir ileso en medio de mentiras…

[30]

47. Cuando quiero conocer a alguien, me fijo más en su lenguaje corporal y en los pequeños detalles. A veces un gesto, una actitud habla más que el mejor de los discursos...

48. La culpa es un martillo, y la conciencia ese pequeño clavo que taladra dentro de ti, hasta dejarte lleno de agujeros...!

49. La paciencia es una virtud que te hace caminar sin moverte, que te permite correr a la velocidad de una tortuga, y avanzar más que una liebre...

50.   Me cansé de lo mundano y ahora solo procuro lo divino…


51.   Si llegaste DESPUES a mi vida y yo quiero que estés en mi AHORA; simplemente ajusto el reloj de mis prioridades y cambio el curso de mi viaje para que vayamos juntos en el mismo sentido…


52.   No hay nada imposible para un ser humano; cuando está seguro que lo posible no lo hace feliz…

53.   No puedes salir a limpiar el mundo de tus culpas si tu propia casa esta enlodada con cientos de ellas…!

54.   No hay personas perfectas. Solo seres humanos que aun con sus fallas hacen nuestra vida más llevadera y hermosa…!

55.   Para hablar con sabiduría es necesario cerrar la boca y abrir un poco más nuestros oídos…

56.   No confundas tu habilidad para mentir con astucia o agudeza. Siempre es tonto el que engaña y la tontería no hace juego con la inteligencia…!

57. He comprendido que en este mundo, todo es más hermoso cuando las cosas fluyen con naturalidad y a su propio ritmo. Pues, forzándolas las echas a perder...

58. Solo hay un pequeño puente entre la sinceridad y el cinismo y yo me cuido de cruzarlo...!

59. No es fácil encontrar a alguien que te haga ver estrellas en un día soleado, que te lleve al cielo sin salir del planeta, que te haga sonreír con frecuencia, que llegue a completar tu mundo y no a desintegrarlo...!

60. No es difícil confiar en un hombre. Lo difícil es encontrar uno, que nos dé razones de peso para poder hacerlo...!

[38]

61.   Si cada vez que fueras a la cama con una persona distinta, le donaras una partecita de ti. ¿Cuánto de ti mismo te quedaría ahora?

62.   Si una relación pudiera construirse como una casa; la honestidad y el respeto serían las bases, la tolerancia las paredes, la confianza las ventanas y el amor el techo que abriga todo...!

63.   De un hombre me cautiva más su inteligencia y su buen sentido del humor, que los encantos efímeros de su apariencia...

[40]

64. Quiero pasar el resto de mi vida al lado de alguien con quien pueda sostener una conversación interesante. Nada más seductor que un hombre con argumentos propios, con ideas brillantes, con sabiduría, que se haga viejo conservando magia en su cabeza...!

65. Nada más solitario y aburrido que un lugar lleno de gente con almas vacías...!

66. Si una persona vale por lo que tiene. ¿Por qué hay tanta gente que teniendo poco es capaz de enriquecernos el alma? ¿Y hay gente que teniendo mucho andan por ahí con el alma desocupada?..

67.  Los errores sirven de aprendizaje; pero si no los corriges, te estancas y ya no evolucionas…

68.  La vida es un regalo prestado que Dios nos permite disfrutar por completo y a manos llenas; pero no sabemos cuándo pasará a recogerlo…

69.  Me declaro romántica, chapada a la antigua, alérgica a las ideas modernas, y de mente muy cerrada si la mente abierta implica desechar valores que para mí son fundamentales.

70. Ahora, atender al hombre que amas es tildado de sumisión y se promueve la apatía. Cuando jamás se humilla el que demuestra su afecto y no se enaltece quien se lo reserva..!

71. No me importa que me rechacen; si para ganar aceptación tengo que dejar de ser quién soy…!

72. Para que voy a buscar limosna en la calle, si en la casa tengo un tesoro?..

73. La inteligencia y la educación te impiden ponerte al nivel de los animales. Pues quien llega a ese punto debe acostumbrarse a ser tratado como uno de ellos…

[46]

74.　Cuido mi belleza interior, porque aunque no se arruga, ni se maquilla ni se retoca en los quirófanos. Es la única que me hará brillar cuando las luces de la juventud se apaguen...

75.　Por lo general los príncipes azules se vuelven grises y en cuanto les quitas el traje, el caballo, el linaje y la espada, se les acaba el encanto...!

76.　Cuando te beso, es mi alma quien lo hace y se desnuda ante ti sin quitarme la ropa...!

77.　Hay mujeres que se creen más de lo que son y hay otras que actúan como esclavas cuando en realidad son reinas...

78. No permito que un hombre me use. Yo no soy entretenimiento de nadie..!

79. Siempre creeré en la fidelidad aunque nadie más lo haga y sea la única que la practique...!

80. Los amores prohibidos desgastan y esclavizan y yo no nací para llevar cadenas a cuestas...!

81. Los milagros suceden todo el tiempo pero a veces estamos demasiado distraídos para reconocerlos...

[50]

82.   El amor no es ciego.  Simplemente mira todo con ojos más optimistas, tiene habilidad para evadir obstáculos y abre puertas y caminos donde nadie los imagina...

83.   No quiero estar en tus planes para el futuro yo prefiero pertenecer a  tu presente.  Así que regálame desde ya, todos tus "Hoy" Para  que llegue "mañana" y nos encuentre juntos...!

84.   Siempre estás en mi mente.  y me pregunto: ¿Acaso es mi mente un lugar tan cálido y acogedor que ya no quieres salir de ahí?...

85. Eres tan increíblemente adorable que si contagiaras al mundo entero con tu ternura, y tu forma de ser nos regalarías una epidemia de sonrisas…!

86. Admiro a las personas que hablan con discreción y prudencia. Nada más desagradable que expresar las ideas con burla, sarcasmo y ánimo de ofender..!

87. Si te crees café con leche , es porque seguramente no llegas ni a tinto..!

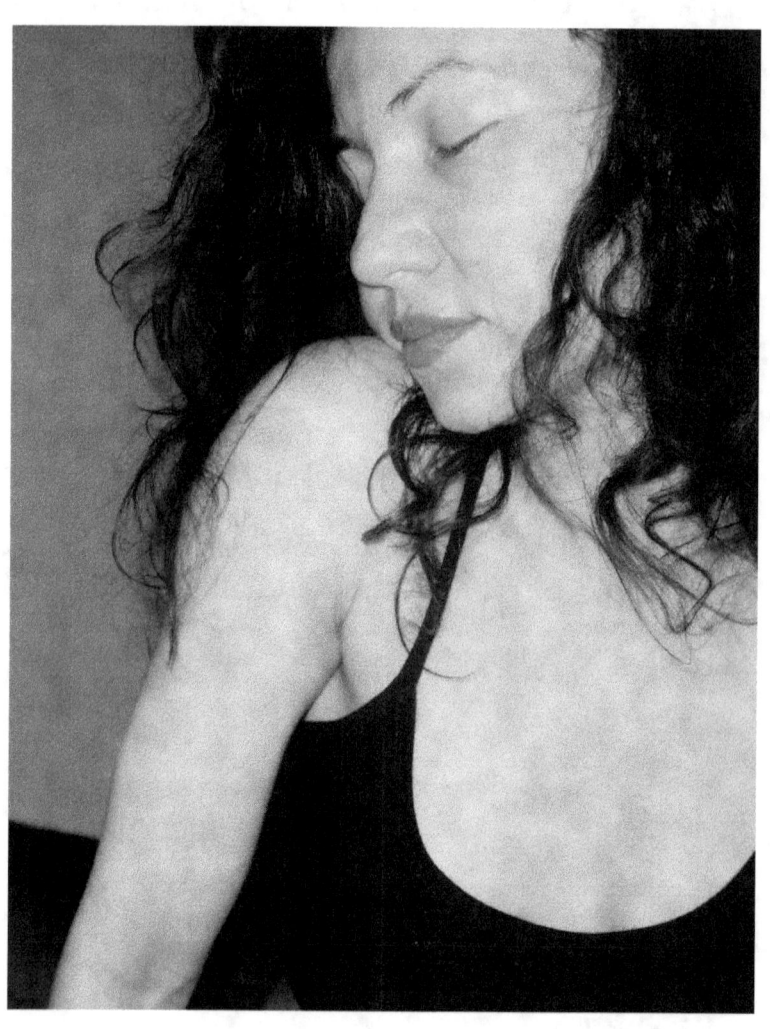

[54]

88.    Generalmente tenemos una lista de conocidos enorme, pero los amigos de verdad nunca son tantos y cuando las cosas van mal todos desparecen y solo uno o dos se quedan a tu lado…

89.    Una persona buena, no es la que dice a todo que "Si", sino aquella que tiene sabiduría para elegir el camino correcto, dar la respuesta precisa y actuar sin lastimar a nadie…!

90.    Muchas personas cuidan su apariencia física como si se tratara de un cultivo en el que no pueden faltar flores.  Pero olvidan abonar el alma, que es la única que nos convierte en jardín o en basurero…"

[56]

91.   Toma mucho tiempo entender que es imposible dirigir el tren de nuestra vida hacia la dirección que queremos; si los rieles  del destino están programados para ir en contra de nuestros deseos…

92.   Cuando actúas pensando en la opinión de los demás, dejas a un lado tu propia esencia y le pones rejas a tu libertad…

93.   Cómo puedes pedir un mundo en paz, si tú mismo eres un campo de batalla y vives en función de la crítica, el odio y la venganza?..

94.   Cuando respondes a la grosería y a la    provocación de una persona le estas dando validez a su torpeza…

95.   No viviré este día como si fuera el último, lo viviré como si fuera el primero, para ver todo como un descubrimiento y disfrutarlo al máximo sin detalles ni antecedentes en la memoria..!

96.   Hacer el amor contigo es preparar una receta deliciosa, agregándole ingredientes distintos cada vez....!

97.   No me interesa ser como tú, ni como nadie. Yo soy feliz como soy, aunque no te guste ni se acomode a lo que tú eres...

98. No le temo a la monotonía y a lo cotidiano. En cambio considero aterrador pasarme la vida probando siempre cosas nuevas para satisfacer una curiosidad que se vuelve insaciable con el paso del tiempo...!

99. Algunas personas le huyen al compromiso por temor a perder su libertad, olvidando que ese temor también esclaviza. No podemos ser completamente libres mientras vivamos presos de nuestros propios miedos y atados a prevenciones y presentimientos...!

100. Cuando estoy contigo, los imposibles huyen y se esconden en su madriguera, haciendo posible hasta lo más inimaginable.

[62]

101. Si para hablar, acostumbras activar primero la lengua que el cerebro; corres el riesgo de decir cosas sin sentido; siempre es mejor procesar la información que quieres transmitir antes de hacerla pública.

102. Ten en cuenta que todo lo que haces y dices habla de quien eres y tú decides cómo quieres que te vean los demás...

103. En un mundo en el que los valores se hacen historia y están en vía de extinción. Es necesario rescatar lo poco que queda para no perder la conciencia de lo errado y lo correcto...!

104. Cuesta mucho ser grande, bajar la cabeza, reconocer un error y ser humilde. Pero cuesta más cargar con el peso de la arrogancia, que nos obliga a levantar la cabeza para no vernos tan pequeños...

105. Cuando ayudas a los demás consignas bendiciones en el banco de tu vida, asegurando abundancia. Aunque el mundo entero se declare en bancarrota..!

106. Acostumbraba llevar a cuestas cargas ajenas. Hasta que un día entendí, que es inútil poner en mi espalda todo el peso del mundo, mientras los demás sólo procuran hacer más pesado su equipaje...

107. Soy fiel..! porque el stress me hace daño, no soy buena para sostener mentiras, y me gusta vivir tranquila sin la zozobra de sentirme perseguida o descubierta...

108. Prefiero ser un ejemplo a seguir, un motivo de admiración. A conformarme con dejar una huella equivocada en el mundo que todos se empeñen en borrar...

109. Los sueños son pensamientos con alas que mueven nuestros pies...

110. Si tu vida es insípida. Agrégale el ingrediente secreto de la oración y todo empezará a tener sabor y sentido...

111. A veces es necesario apartarnos del ruido exterior y abrirle nuestros oídos al silencio, para poder escuchar nuestra voz interior…!

112. Cuando navegamos por las aguas de la soledad, valoramos esos pequeños barcos que se acercan a hacernos compañía…

113. Cuando perdonas de corazón la ofensa, el error, el daño que otra persona te ha hecho. Logras que su culpa pese el doble y tú, en compensación divina te sientes cada vez más liviano…

114. He visto gente que trabaja sin parar, que tiene excelentes ingresos, y aun así, jamás invierten en su bienestar personal. No gastan un centavo, y solo piensan en atiborrar sus bolsillos. Entonces, pienso que tal vez están comprando el más allá en secreto y sin contarle a nadie, para guardar todos sus ahorros y  disfrutar de todo su esfuerzo cuando ya no tengan vida....!

115.  Qué sentido tiene una oración, que le dedicas a Dios con los labios.  Si con tus actos le estás haciendo a diario favores al diablo ?..

[72]

116. La maldad es como la maleza. Una vez que la siembras en tu corazón es difícil de extinguir y crece tan rápido y fuera de control, que cuando intentas arrancarla ya te has perdido a ti mismo en medio de tanto follaje...!

117. Si en este mundo la gente no consignara dinero en los bancos, sino buenas acciones, valores, cualidades, actos generosos. Estoy segura que el mundo financiero habría desaparecido hace décadas y viviríamos en bancarrota constante por falta de fondos...

118. Quien más ama, no es quien más lo pregona, sino quien más lo demuestra...

[74]

119. No basta con decir que Dios existe. Es necesario hacerlo más real y cotidiano; dándole a los incrédulos pruebas tan validas con nuestros actos, que los hagamos dudar de sus teorías; ese sería sin duda, un primer gran paso...!


120. Cada quién es libre de elegir si convierte su vida en un foco de luz, o en un refugio de demonios. Finalmente, vida solo hay una y no tendremos otra para espantarlos...


121. Siempre escuché que un clavo saca otro clavo. Lo chistoso, es que nunca me explicaron cómo y pasé gran parte de mi vida, creyendo algo que nadie ha comprobado...

122. Como no me gustan los excesos me tildan de aburrida. Pero es más aburrida la persona que depende de ayudas extra para disfrutar de todo lo que a mí me hace feliz en sano juicio...

123. Cuando el cuerpo se enferma utilizamos medicinas para curarlo. Pero cuando se enferma nuestra alma, no podemos sanarla acercándonos a un médico o a una farmacia; necesitamos de un apoyo extra que nos ayude a recobrar nuestra salud espiritual, a llenar nuestros vacíos, a evacuar nuestra basura interior y en mi caso ese apoyo lo encontré en Dios...

124. Quien dice que la fidelidad no existe, se declara ignorante. Pues no todo lo que abunda es verdadero y no todo lo que escasea es mito...

[78]

125. Es fácil concientizar a un ser humano de su error, cuando le muestras con tu propio ejemplo el camino correcto y el verdadero sentido de las cosas, sin  atormentarlo con gritos,  con reclamos, y con discusiones sin sentido...!

126. La vida es como un tren y cada uno elige que llevar en los vagones. Cargas livianas o agobiantes, errores o aciertos, alegrías o tristezas, sueños o frustraciones, culpas o indulgencias y dependiendo de lo que elijamos transportar tendremos un viaje tranquilo y feliz o uno pesado y sin sentido...!

127. El verdadero amor no tiene memoria y perdona todo aunque la evidencia dicte sentencia; no se concentra en castigar el error sino en buscar una salida, siempre mira con ojos de esperanza lo que los demás condenarían y eleva una bandera blanca donde los demás promueven un aviso de guerra....!

128. Quiero vivir el resto de mis días a tu lado. Y aunque estoy segura que no será un jardín de rosas; sé que juntos podremos sanar esas heridas que las espinas lleguen a causarnos...!

129. La distancia no separa a dos seres que se aman. Simplemente los pone a prueba...

[82]

130. Tu amor ha caído sobre mí como un aguacero imparable que me ha empapado por completo y ha empezado a filtrarse por todos los rincones de mi alma, anunciando inundaciones constantes…!

131. Si los seres humanos nos comunicáramos mediante el lenguaje de señas y no tuviéramos voz; nos quedaríamos sin el arma más poderosa que existe: La palabra. Pues, con ella podemos destruir o construir, sanar o herir, ensenar o confundir, engañar o advertir..!

132. Siempre dije "el amor existe". Pero amarte a ti, le dio validez a esa frase; pues una cosa es creer fielmente en ese sentimiento y otra bien distinta es sentirlo en carne propia…

[84]

133. Si te la pasas defendiendo a tu pareja como si fueras su abogado y te ganas enemistades en su nombre. Si pretendes que todos lo vean como una maravilla ..! Es porque, quizás en el fondo no lo es y en tu afán de justificar tu falta de buen juicio, se te olvida reconocer que estás con la persona equivocada...!

134. Dicen por ahí, que todos llevamos dentro un ángel y un demonio. Pero algunas personas le han quitado al ángel todo el poder y le han dado al demonio rienda suelta para gobernarlos sin limitaciones...

135. Por amor me volvería malabarista para caminar por la cuerda floja de las contrariedades...!

[86]

136. He visto gente con muchas cosas materiales, lujos, excentricidades y completamente infeliz. Quizás, porque el dinero no compra todo como dicen y es completamente inútil, cuando se trata de enriquecer un alma pobre o una vida vacía...!

137. Los verdaderos amigos no están a la venta en un mostrador esperando la mejor oferta. Ni puedes encontrarlos por arte de magia cuando los necesitas, no llegan por pedido ni a domicilio y son tan pocos, tan escasos, que serás muy afortunado si hallas uno de ellos...!

138. Amarte me enseñó a quitarle importancia a la ausencia, a pintar de verde profundo la esperanza y a colgar estrellas en un firmamento con amenaza de tormenta...!

[88]

139. Si Te fijas en mi físico veras una mujer más; si revisas mis bolsillos no vas a encontrar mucho, pero si buscas dentro de mí con ojos verdaderamente atentos te vas a sorprender y muy positivamente..!

140. ¿Todos los hombres son iguales? NO! Hay unos que son novatos y hay otros que dictan catedra a la hora de engañar. A los primeros se les perdona por inmadurez, pero a los segundos es mejor no escucharlos...!

141. Mujeres! Si los hombres fueran completamente sinceros desde el principio y no nos dijeran todas esas frases que nos morimos por escuchar. Les quitaríamos la facultad de conquistarnos sin esfuerzo y nos enfrentaríamos sin anestesia a la realidad...

[90]

142. Si el amor fuera como un partido de futbol.    ¿Te resignarías a ser suplente, a estar sentado/a en la banca esperando tu turno para brillar?    o ¿Exigirías ser siempre titular para estar en el juego completo con todas las ventajas…?


143. Si los ojos tuvieran fecha de vencimiento yo me los gastaría mirándote…


144. La indiferencia lastima más que una mala palabra. Pues al ignorarte te quitan la posibilidad de refutar y defenderte, reduciéndote a algo que no tiene importancia….!

[92]

145.  Si las decepciones dejaran cicatrices visibles, yo ya no tendría espacio para una más...!

146.  La hipocresía es un acto de cobardía; propio de aquellos que no tienen agallas para expresar lo que sienten y piensan en realidad...!

147.  Si recuerdas a alguien aunque pase mucho tiempo y ya no lo veas. Es quizás porque tu alma no ha dejado de mirarlo y para probártelo te envía su imagen todos los días...!

148.  Cuando críticas a alguien, te pones un traje de juez, que puede quedarte muy grande cuando otra persona evalúe tus acciones...!

[94]

149. Quien se destaca por su arrogancia, tiene sin duda un ego gigante y un alma tan chiquitica que necesita hacer alarde para no pasar desapercibido…!

150. Cuando le confiesas a alguien que lo amas; no le estás dando permiso para limpiar el piso contigo. En realidad, lo que estás haciendo es manifestarle cuán afortunado es por ganarse tu cariño…!

151. Por qué algunas personas se escudan en la debilidad humana para cometer errores y no recurren a la fortaleza de espíritu para evitarlos?...

[96]

152. Si deseas que una persona confíe en ti sin necesidad de pruebas ni argumentos, ocúpate de no decepcionarlo y háblale siempre con la verdad...


153. No llores porque un hombre te dejó. Llora porque los pocos que quedan en este mundo se están cambiando de bando y no será fácil encontrar un reemplazo...!


154. No podría enamorarme de alguien que no tenga educación. Para mí es indispensable que mi pareja tenga un nivel intelectual similar al mío o más avanzado, para disfrutar una relación madura e interesante...

[98]

155. Descubrí que mi fortaleza no está en mi cuerpo sino en mi cabeza. Que no puedo levantar cargas muy pesadas, pero puedo soportar situaciones adversas sin darme por vencida…!

156. Si me amas de verdad, no desvirtúes tus sentimientos con tus acciones. Resulta difícil creer que no te gusta el barro cuando te la pasas embarrándola todo el tiempo…!

157. Vas a encontrar fácilmente una mujer mejor que yo; pero difícilmente vas a lograr que esa mujer se fije en un hombre como tu…

158. Olvidarte es imposible..! Los recuerdos resultaron más fuertes que las añoranzas, y mis sentimientos se momificaron en mi corazón ganándole la partida al tiempo y a la distancia..!


159. Supe que te amaba, cuando descubrí con espanto que podía salir con los hombres más fabulosos del mundo entero; y en el fondo estaría añorando tu compañía...


160. Apuesto que tienes muchos defectos; pero amarte, hace que tus cualidades se tornen gigantes opacándolos por completo...!

[102]

161. Hay voces que salen de los labios y te conectan con una emoción en un instante. Pero las voces que salen del alma te atrapan el corazón y te dan sermones a toda hora, y sin pedirlos…!

162. Gracias a Dios el amor no es superficial ni se fija en las apariencias; pues de no ser así, sólo los bonitos tendrían oportunidad de vivirlo…!

163. No te amo con el cuerpo, te amo con el alma. Así que te amaré por el resto de mi vida, y más allá del más allá, porque el alma no muere nunca…!

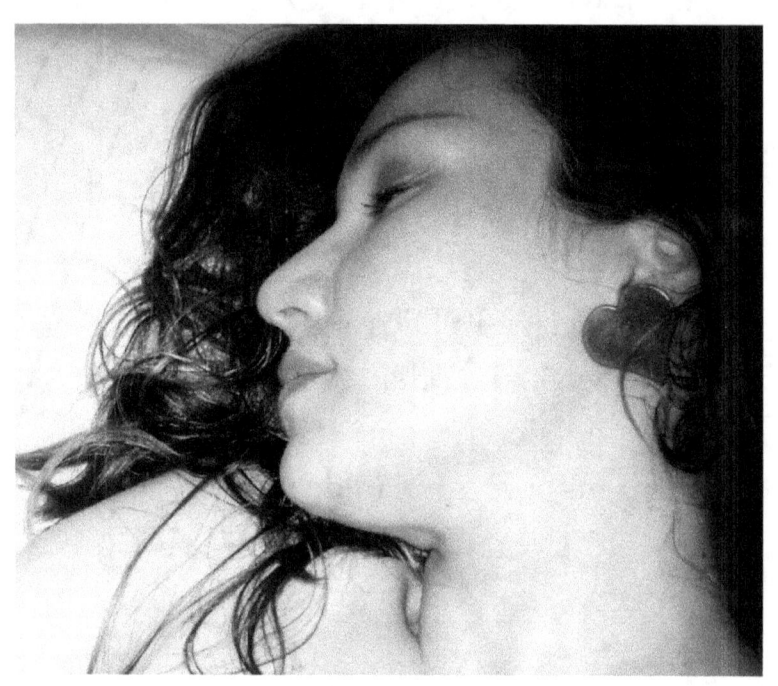

164. ¿Quién dijo que tenías que lucir igualito a un adonis griego para ser guapo? Tú eres guapísimo con tus propias características, eres único y no tienes que parecerte a nadie…

165. Sabes que una persona es rica cuando hace hasta lo imposible por no llamar la atención y por pasar desapercibido. Mientras el pobre hace todo lo posible por lucir lo que no tiene…!

166. Mi mamá no es perfecta, pero sus imperfecciones son tan maravillosas que la convierten en mi ángel más humano y personal…!

[106]

167. Los vínculos familiares no se pueden romper. Pero terminan debilitándose cuando das por hecho que son inmunes a todo y olvidas cultivarlos, como cultivas los que adoptas con los demás…

168. Me hubiera gustado vivir en la época de las serenatas, las canciones románticas, las cartas que llegaban por correo después de mucho tiempo, los días de cortejo, las flores, los poemas y los mensajes en hojas de cuaderno.

169. Dejaré de amarte, el día que el sol sea reemplazado por un bombillo ahorrador de energía y el mar se torne rosado y burbujeante como una copa de champaña…!

[108]

170. Hoy en día, el matrimonio se ha convertido en un "vamos a ensayar cómo nos va", cuando en realidad debería ser "vamos a vivir nuestra historia completa sin quitarle una sola página"…

171. Dicen que los hombres son infieles por naturaleza; y como la naturaleza es sabia, ¿Tenemos que soportarlos?…

172. Si a mí me hubieran dicho que la etapa de la madurez era tan fabulosa, la habría esperado con bombos y platillos y sin incertidumbre…!

173. La terquedad te pone una venda en los ojos, y te obliga a caminar completamente desorientado, hasta hacerte caer un montón de veces…!

174. Después de tantas decepciones, he llegado a la conclusión que es mejor tener al lado un sapo que quiera comprometerse contigo, a tener un príncipe que quiera andar con todas…

175. Me hacen feliz, las cosas más simples de la vida; las que no se compran ni se encargan, que no vienen en empaques lujosos ni en fechas especiales porque salen del corazón…

[112]

176. Si tú no eres un ángel, sin duda, te hicieron muy parecido; para crear confusión y desconcierto en un mundo donde no hay espacio para ellos...

177. He escuchado, que por estos días es imposible encontrar un amor verdadero, pero yo me aferro a la idea de hallar una excepción...!

178. Para decir mentiras se necesita una memoria excepcional, pues no es nada fácil sostenerlas todo el tiempo sin ser descubierto y sin hacer el ridículo...

179. Quien hace mucho alarde de sus conquistas, muy seguramente no atrae ni a una mosca...!

[114]

180. Dicen que un hombre tiene suerte con las mujeres cuando logra llevar un elevado número de ellas a la cama. Pero si averiguáramos cuantas lo han amado de verdad, entonces pasaría rápidamente de afortunado a perdedor…!

181. Un hombre es un caballero, cuando logra que una mujer lo admire por su forma de tratarla…!

182. No voy por la vida creyéndome la última coca cola, porque soy consciente que mi valor no se mide con una marca de gaseosa…

[116]

183. Descubrí que a medida que gano años me vuelvo más exigente. Debe ser porque la experiencia trae consigo discernimiento y ahora sé quién soy y qué quiero..!

184. Tengo la pésima costumbre de exponer mis emociones y mis sentimientos sin precauciones y sin casco de seguridad; y en esa carrera loca de jugar a la sinceridad me han roto el corazón cientos de veces…!

185. Cuando me preguntan por el amor de mi vida, tu nombre siempre aparece en mi cabeza; mucho antes de animarme a responder..!

186. Los hombres que agreden a las mujeres mental y físicamente; tienen un cerebro más pequeño que una pulga y esa condición los hace actuar como trogloditas...!

187. Considero paradójico que en la mayoría de las fiestas pongan como requisito asistir con corbata negra y traje de gala. ¿Digo, si uno va a divertirse, por qué no vestirnos como se nos antoje?...

188. Creo que lo más difícil del matrimonio es amarrarte a alguien que te considere de su propiedad. Sería maravilloso casarse con alguien que desee compartir contigo la vida entera sin renunciar a quiénes son individualmente, a las cosas que les gusta hacer y a su libertad personal...!

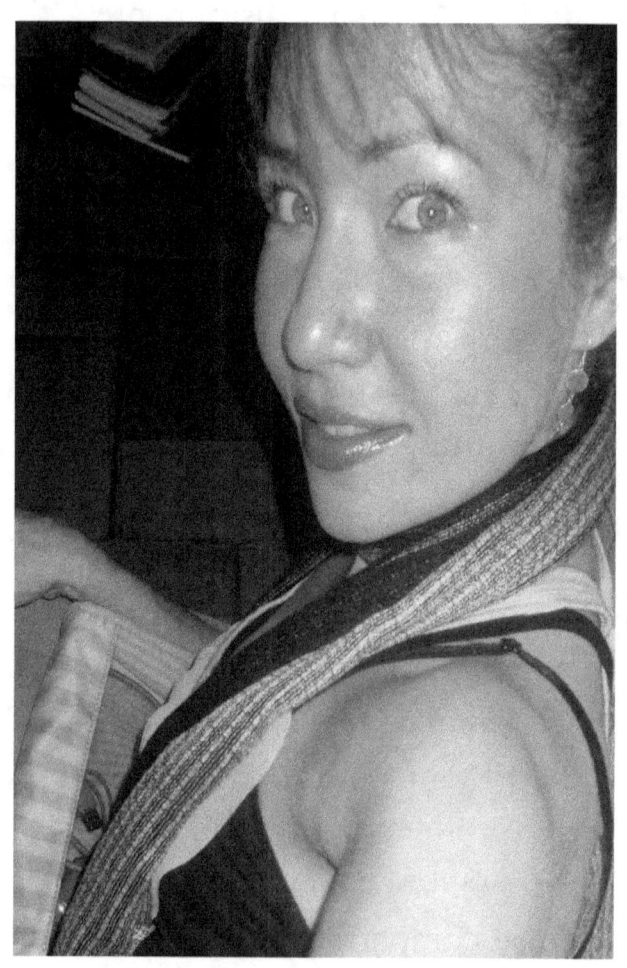

189. No entiendo por qué en este mundo todo funciona al revés; si se te ocurre portarte bien eres bicho raro, y si vas en contra de todas las normas establecidas eres causa de admiración...!

190. Si me casara algún día; lo haría por amor, por todos los ritos posibles y para toda la vida. No para vivir en un idilio eterno pero si en una eterna conquista, porque las relaciones deben alimentarse día a día…!

191. Si la muerte es un atleta que corre detrás de cada uno de nosotros hasta alcanzarnos..! ¿Por qué razón vivimos creyéndonos inalcanzables y más veloces que esa realidad?...

[122]

192. Me gustas más que el helado de vainilla, las papas fritas, los chocolates, las ensaladas con pasas y eso ya es demasiado...!

193. Si te enamoras de mí, corres el riesgo de ser correspondido desde el primer instante; así que anímate! no dejes esto en manos de cupido, y lánzame una flecha...!

194. La felicidad es una mariposa caprichosa que se posa en tu vida a raticos, extiende sus alas y luego te deja un rastro débil para que la busques de nuevo...!

195. Si estás a mi lado la eternidad me parece un chiste y con gusto me reiría la vida entera si tú estás conmigo...

196. ¿Para qué desgastarse mostrándole un camino seguro al ciego y un discurso ético al ignorante; si definitivamente no tienen forma de valorar tus buenas intenciones?

197. Es muy fácil moverse al ritmo que marcan los demás; pero ir a tu propio compás sin importar lo que piense el mundo entero, eso es tenacidad...!

198. No hay nada más humillante que mendigar amor. Ese sentimiento no es una limosna, sino una ofrenda que llega a tu vida sin pedirla...

199. La vida es un libro en blanco donde puedes escribir lo que quieras, y dependiendo de lo que pongas en cada página, valdrá o no la pena leerlo...!

200. La peor parte de una traición no es el dolor o la decepción que pueda causarnos. Es esa capacidad de volver a creer que nos arrebata y ya no nos trae de vuelta, lo que hace más daño...!

[128]

201. Yo no me cansé de amarte; de hecho mi amor por ti es inagotable..! Me cansé de demostrártelo que es bien distinto...

202. Una cosa es ser perseverante y luchar hasta el final por un objetivo y otra bien distinta es convertirse en iluso esperando inútilmente un cambio de última hora...!

203. Yo le apuesto todo a la honestidad, a ser yo misma, a decir lo que pienso; aunque en la jugada de la vida, una postura de esa naturaleza puede sacarme muy rápido de la partida...!

[130]

204. A veces conoces personas que llegan a sumarle cosas hermosas a tu existencia, y otras tantas, conoces seres que vienen a robarte todo lo bueno que tienes, dejándote hasta sin esencia...!

205. Rezo para que las trampas de la codicia y la ambición no me alcancen. Tengo miedo de convertirme en esclava de las cantidades, de las proporciones y olvidar lo feliz que he sido hasta ahora teniendo poco...!

206. No quiero vivir en un castillo de oro colmado de lujos si voy a sentirme ignorada. En todo caso, prefiero una casa de madera donde pueda sentirme amada y valorada...!

[132]

207. No me visto para llamar la atención. Me parece incomodo ir por la calle robándole miradas a gente que no conozco; yo prefiero lucirle mi forma de ser a una persona que me interese de verdad...

208. Es irónico, que algunos individuos hagan hasta lo imposible por agradarle a los demás; aunque en el intento dejen de agradarse a sí mismos...!

209. No resisto las banalidades y los puntos de vista superficiales. A mí me tientan cosas más profundas que las meras apariencias...!

210. Sería maravilloso que el mundo girara de vez en cuando en reversa, para enmendar un error, enderezar una mala decisión, y borrar una acción equivocada...!

211. En realidad, no te amo porque seas inmejorable o intachable. Yo te amo porque siento que me complementas en todos los sentidos y tienes todo lo que a mí me hace falta...!

212. Si te pones de tapete, corres el riesgo que te pisen y te pasen por encima un millón de veces.....!

[136]

213.  ¿Para qué conocer el mundo entero si tuve la fortuna de encontrarte en una esquina de mi buena suerte, y me mostraste el universo completo a través de una ventana mágica que tú mismo construiste ?...

214. Cuando te enamoras le das permiso a tu corazón para que emigre de ti y empiece a latir en un cuerpo distinto...!

215. Descubrí que me importabas, cuando en medio de muchas personas, risas, diversión, y tantas cosas por hacer, tú seguías haciéndome falta...!

[138]

216. Si acusas a alguien de sucio, es porque conoces la mugre muy de cerca...!

217. No soy amiga de rogar amor ni de insistirle a un hombre. Yo creo firmemente que cuando las cosas son para uno; el universo se encarga de traerlas a nuestra puerta, sin obstáculos, sin presiones, ni errores de envío...!

218. No necesito probar todos los manjares para saber cuál es mi favorito; tengo un gusto muy específico, y sólo tú lo defines a la perfección...!

[140]

219.  A veces veo parejas que caminan por la calle cogidas de la mano y en el fondo son dos perfectos extraños.  En ese caso, preferiría estar sola y sin compañía, a estar acompañada y completamente sola…!

220.  Para mí el tamaño sí importa.  Quiero un hombre con un corazón gigante…!

221.  Procuro no sentirme segura de nada ni de nadie.  En esta vida, todo está sujeto a cambios; a veces pierdes lo que consideras tuyo, y otras tantas ganas cosas que ni siquiera imaginabas…!

222. Si alguien dice que me ama, no me lo creo del todo, para evitar acostumbrarme a ese afecto y buscar la forma de alimentarlo todos los días..!

]

223. Si un hombre me mira con deseo me halaga, pero si me mira con respeto me enamora…!

224. La vulgaridad afea lo más bello, contamina lo más puro, y distorsiona hasta la intención más noble…!

[144]

225.  Tengo tantas ganas de amarte, que las ganas me alcanzan para dos siglos más y todavía me quedan reservas…!

226.  En teoría 1+1 = 2 ; pero en la práctica se ven parejas donde 1+1 no es una suma ni un resultado, sino una ecuación donde cada quién actúa por su lado..!

227.  En este mundo existen hombres maravillosos.  Lástima que nunca nos digan dónde están exactamente, para ir a buscarlos…!

[146]

228. Cuando estás con la persona indicada; no hace falta un lugar mágico, o una cita perfecta para ser feliz...! Puedes estar debajo de un árbol o sentada al borde de una acera y te sientes la dueña del paraíso...!

229. El odio es una flecha venenosa que lanza tu corazón para lastimar a otro, pero sigue perteneciéndote; y cuando rebota en la pared de la ironía, regresa a su lugar de lanzamiento hiriéndote a ti mismo...!

230. Nunca sabrás cuanto te amo; de eso jamás tendrás la más remota idea, porque nunca tuviste tiempo para averiguarlo y yo me cansé de hacerle publicidad a mis sentimientos...!

[148]

231. Supe desde el principio que no valías la pena, pero me empeñé en dibujarte virtudes donde no tenías; hasta que descubrí que entre más cosas buenas te ponía más vacío te veías...!

232. Te equivocas...! Yo no llegué tarde a tu vida; fuiste tú quien tomó decisiones radicales antes de conocerme y te perdiste de alguien como yo...!

233. Si te conviertes en mujer de una sola noche, te vas a pasar la vida entera quitándole las ganas a todo el que aparezca...!

[150]

234. Mi corazón es un superhéroe; ha soportado golpes, caídas, pisotones, magulladuras, heridas, lo han dejado vuelto trizas; y sigue latiendo como si nada, echando por tierra todo pronóstico..!

235. Si para mí no tienes tiempo; tampoco tendrás ni un segundo del mío, porque estoy en contra del desperdicio...!

236. Siempre he escuchado que debo vivir "el momento" porque no sabemos cuándo vamos a morir y tenemos que disfrutar. ¿Pero qué pasa, si no morimos pronto y tenemos que cargar con las consecuencias de "ese momento" que vivimos sin pensar...?

[152]

237. El miedo es un fantasma que se acobarda y se esfuma en cuanto ve tu valentía aparecer…!

238. Amarte me ayudó a ver flores en medio de los espinos, a esperar sin angustia, a soñar a toda hora sin excusas, a pertenecerte sin temores, a pensar en plural, a explorar mis emociones con todo y lágrimas sin quejarme…

239. Algunas personas tienen el cerebro en medio de las piernas y solo lo ponen a funcionar cuando tienen una necesidad o una urgencia…!

[154]

240. Empecé a amarte gradualmente y sin prisa, intentando mantener bajo control lo que sentía. Pero mis sentimientos crecieron peligrosamente, rebosando todos los límites y rompiendo todas las reglas que le impuse...!

241. Tenía la pésima costumbre de endiosar a las personas, de colgarles virtudes que no tenían, de creerlas superhéroes. Hasta el día que vi cómo se caían esas imágenes desde lo más alto, volviéndose pedazos ante mis ojos...

242. El verdadero amor es tan obvio y poco discreto, que no necesitas hacerle publicidad, para que todo el mundo se entere y lo vea...!

[156]

243.  Si solo te intereso para un rato.  A mí no me interesas ni para un segundito...!

244.  El día que te conocí; dejaste por el suelo la imagen del hombre de mis sueños; porque tu presencia la superó en todos los sentidos, dejando sin aliento hasta mi propia imaginación...!

245.  A ti deberían pagarte honorarios por ser tan guapo y hacernos el favor de vivir en este planeta, pudiendo estar en el paraíso...!

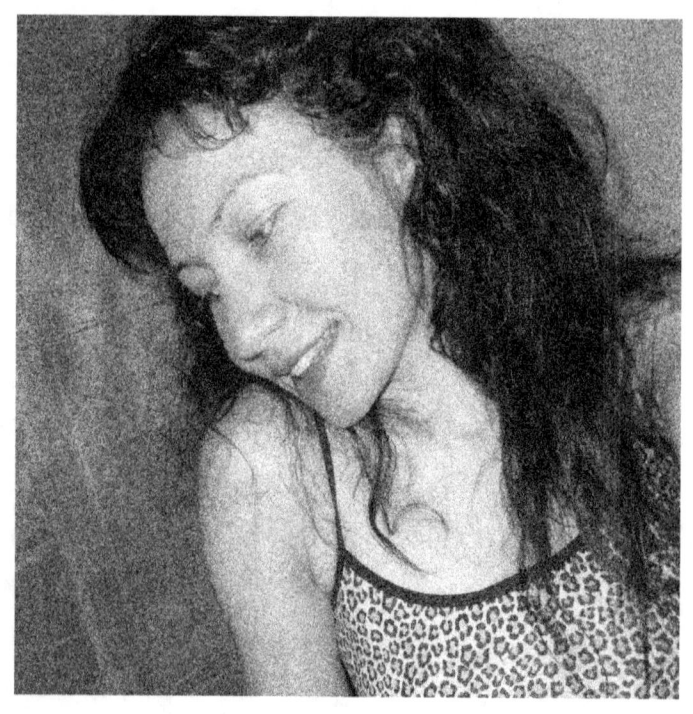

246. "Soy mujer de un solo hombre" no de cualquiera; sino de aquel que logre fascinarme en todos los sentidos, sin acercarse a la perfección, sin alejarse de lo divino…!

247. Si "hacer el amor" no fuera una necesidad física, sino un acto exclusivo para enamorados; yo creo que la mayoría de los hombres serían célibes o hasta vírgenes…!

248. No soporto la gente oportunista que vive creyendo que el mundo es una escalera de posiciones y poderes; y en su afán de subir más rápido, ubican las personas que conocen en el lugar que más les conviene…

[160]

249. A ti no te dieron ojos, sino un par de hechiceros que embrujan todo lo que miran y esconden el antídoto...!

250. Tu ternura viene y me asalta por sorpresa; desnudándome el alma, robándome la voluntad, anulando sin esfuerzo mis precauciones, haciendo que mi corazón caiga rendido a tus pies sin asomo de protesta...!

251. No soy mujer de hacer reclamos; yo prefiero tomar medidas..!

[162]

252.   Yo no sé qué es peor; que te digan mentiras, o que den por sentado que te las creíste completitas...

253.   Si tu pareja te pide "tiempo", dale la "vida entera" para que resuelva sus dudas.  Nadie escapa de la persona que ama, escudándose en estupideces...

254.   Cuando un hombre ama a una mujer, deja de tocarla con las manos y empieza a acariciarla con el corazón...!

[164]

255. Por estos días, ya las mujeres no sabemos con quién salimos. Con un hombre, con un gay camuflado, con un robot atrapado en la tecnología, o con un niño desorientado...

256. Yo creo que los hombres se inventaron el cuento que son más "visuales" que "emocionales" a la hora de tener sexo, para no comprometerse y acostarse sin remordimientos...!

257. Extraño esa época en que los hombres trataban a las mujeres como princesas, que se comunicaban con nosotras mirándonos a los ojos y no a través de mensajes de texto, que lucían como caballeros y no como señoritas, que se preocupaban por conquistarnos y no por llevarnos a la cama a la primera oportunidad...!

[166]

258. No quiero ser una más en tu lista de conquistas. Yo quiero encabezar una propia donde mi nombre se repita de principio a fin...!

259. Es muy difícil entender a las personas; pero es más difícil entenderme a mí misma cuando intento autoanalizarme.!

260. Yo no creo en el amor que dura toda la vida. Yo creo en el amor que desafía el tiempo cada segundo, que lucha, que se enfrenta a las adversidades y siempre sale victorioso...!

261. Sé que nunca encontraré alguien como tú otra vez y esa certeza me hace valorar aún más las cualidades en otro ser humano. Porque un día tuve el cielo contigo, y ahora tendré solo fragmentos...!

262. No verte, no implica dejar de mirarte; así como no tenerte no implica dejar de amarte. Las circunstancias de la vida y el destino dirigen nuestros pasos, pero no pueden cambiar el rumbo de nuestros sentimientos...!

263. Siempre soñé con un mundo perfecto; pero luego entendí que la imperfección es ese ingrediente mágico que le da a este planeta sabores tan distintos...!

[170]

264. Si quieres conocer a un hombre perfecto, acéptale sólo la primera cita. Después de eso la maravilla empieza a esfumarse…

265. No quiero ser la mujer de un hombre que no me vea como su mujer, y que para colmo, no me haga sentir que es mi hombre…

266. No voy a recordar todos las razones que me diste para llorar, yo voy a recordar todos los motivos que me diste para sonreír; pues aunque fueron tan pocos, no se desvanecieron tan rápido como mis lágrimas…!

[172]

267. No podemos elegir de quién enamorarnos; pero si podemos decidir con quién pasar el resto de nuestras vidas.

268. Cuando nos enamoramos de la persona incorrecta, el corazón nos empuja a ver luces en medio de la penumbra, a ver virtudes enredadas en los defectos, a creer que el amor lo justifica todo y que la tristeza es una compañera inevitable.

269. No te prometo ser la mujer perfecta. Tengo tantos defectos que te decepcionaría fácilmente; yo te prometo que siempre estaré a tu lado, amándote sin pausa y apoyándote sin excepción.

[174]

270. Te Entregas a alguien realmente cuando empiezas a vestir tu alma con el nombre de esa persona, mucho antes de quitarte la ropa...!

271. Sería absurdo pedirte que me ames. Tú nunca me pediste que te amara, y yo te he amado desde hace mucho; porque el amor no es una súplica es una entrega...!

272. Si los hombres saben que las mujeres somos sensibles, por qué rayos nos roban tantas lagrimas? Nosotras sabemos que ellos son fuertes, y no por ese motivo los tratamos siempre a las patadas...!

[176]

273. Los consejos son como los insectos, todo el mundo habla de ellos pero nadie los quiere cerca…!

274. Es un hecho que los errores cuando son propios nunca son tan graves, pero si son ajenos resultan ser apocalípticos.….!

275. Por qué será que cuando estoy contigo las montañas parecen de plastilina y el cielo es solo un papel en blanco donde tú y yo pintamos nuestros sueños, les ponemos alas y los echamos a volar..?

[178]

276. Sé que alguien puede llegar a amarme más que tú; el problema es que yo no puedo amar a ese alguien...!

277. Deje de llorar, cuando entendí que mis lágrimas no pueden cambiar el ritmo del universo, ni acomodar las cosas a mi beneficio, ni solucionar mis problemas, ni mantener a mi lado a la persona que amo...!

278. Hazme un favor, resuelve tu propio caos, antes de pretender organizar mi propia vida. Por ahí dicen que cada quien entiende su propio desorden y estoy completamente de acuerdo con eso...!

[180]

279. Entiende esto…! Una cosa es que yo te ame y otra bien distinta es que me resigne a soportar tu maltrato en nombre de ese amor. Mi corazón es ciego, pero gracias a Dios mi cerebro tiene los ojos bien abiertos…!

280. Te amo con toda mi alma, con cada latido de mi corazón, pero el amor no es una enfermedad terminal y puedo vivir sin ti…

281. Si eres uno de esos hombres mujeriegos que le echan el cuento a todas; de una vez te digo, que yo no quiero hacer parte de tu harem mi vida…!

[182]

282. Me enamoraría con los ojos cerrados de un hombre que antes de tocarme el cuerpo, se interesara por tocarme el alma. Lástima que no exista…!

283. Si sabemos que los hombres mienten, por qué somos tan ingenuas y seguimos creyéndoles?...

284. Dicen por ahí, que todos los hombres son un mal necesario. Pero me confunde que tú no seas un mal, sino un bien; pues aunque eres imperfecto, te equivocas y me sacas la piedra, logras endulzar mis momentos más amargos.

[184]

285.  Por qué todo es tan frio cuando no estás?... ¿Acaso te llevaste el sol en tu equipaje, para que mi vida entera se hiciera noche y me la pasara soñando con tu regreso?...

286. Cuando alguien dice: "Lo voy a pensar" es porque ya lo pensó, pero no ha encontrado la forma más apropiada para decirlo..!

287. Llegué a la conclusión que mi familia no es un ejemplo a seguir sino un modelo a mejorar...!

[186]

288. Los seres humanos no tenemos las manos limpias para juzgar a quien se las embadurna en el barro. Somos débiles, nos adornan muchos defectos y cometemos errores todo el tiempo. pero siempre podemos limpiar las manos de aquellos que tienen más cargas que las nuestras; con un consejo, mostrándoles el camino correcto, o escuchándolos sin sorprendernos.

289. No entiendo por qué la gente dice: llámame y luego no contesta; vamos a vernos, y luego inventa excusas; búscame y luego se esconde; cuenta conmigo y luego lo olvida…!

[188]

290.   No quiero un robot, que me hable a través de mensajes de texto, que me abrace y me bese con emoticones. Yo necesito un hombre de carne y hueso que me regale momentos y emociones reales.

291.   Si buscas tu felicidad en otra persona te condenas a la amargura, pues al poner en manos ajenas tu cosecha de sonrisas cedes todos los derechos que tienes sobre ellas…

292.   Ningún hombre es perfecto, pero tu imperfección es la única que me atrae…!

[190]

293. Si los ojos son las ventanas del alma, ¿Dónde rayos tenemos la puerta?...

294. No le creo a la gente que le pone tantos adjetivos positivos a su personalidad. Nadie agregaría miel a un panal desbordante, ni le colgaría adornos a una pared que tiene cientos de ellos. Si eres bueno, que la gente lo juzgue, si eres excelente que los demás te alaben.

295. Los valores son los hilos que atan nuestros actos a la cordura, cuando los vientos de la adversidad amenazan con echarlos a volar sin rumbo…

[192]

296.  No te creo si me lo juras, te creo si me lo demuestras…!

297.  La tristeza es la única herencia en la que todos figuramos como beneficiarios y reclamamos cientos de veces sin una sonrisa…

298.  La verdadera miseria no es la escasez de cosas materiales, sino la ausencia de virtudes en el alma…

299.  El amor duele, pero es la única herida que me arriesgaría a sentir una y otra vez sin quejarme.

300. Considero que mi cuerpo es un hermoso paraíso con muchos defectos de fabricación, pero un paraíso finalmente. Por eso la entrada no es libre, y tiene tantos requisitos de admisión que solo unos pocos han podido conocerlo...!

301. Si quieres conservar un secreto en secreto, no se lo cuentes a nadie...!

302. Si vas a toda velocidad por la vida, queriendo llegar primero a todo antes que los demás; posiblemente te estrellarás contra la realidad cuando descubras que no se trata de quien corre más rápido, sino de quién corre mejor...

[196]

303. Si las personas se dedicaran a esculpir su espíritu de la misma forma que lo hacen con el cuerpo; viviríamos rodeados de almas hermosas y este mundo no sería tan caótico.

304. Cada segundo que vivo sin ti, es un pedacito de paraíso que me pierdo porque tú eres mi cielo…!

305. La envidia es un lobo hambriento que devora lentamente el alma de quien la abriga…

306. En una relación de pareja, la costumbre es un invitado obligatorio que puedes convertir en tu mejor aliado o en un enemigo silencioso.

307. Prefiero vivir lamentándome por las equivocaciones que he cometido, a soportar la amargura de una vida plana sin relieves ni colores.

308. No permito que los demás me roben "Mi paz interior"; desde que la blindé cuidadosamente contra los ataques de la crítica y las malas intenciones.

309. Sé lo que estás haciendo, y me duele que sigas sobornando la inteligencia y el buen juicio de las personas con quienes creciste, y que esperaban muchas cosas de ti. Duele ver que sigues decepcionándonos, actuando como si eso no te importara, y regalándole toda tu atención a alguien que no se la merece….!

# AGRADECIMIENTOS

*Gracias a Dios por ser mi luz espiritual...*

*Gracias a mi madre "Teresa", que siempre me apoya de forma incondicional y es mi refugio más seguro...Un beso del tamaño del cielo para ti Nemitas... Te amo...!*

www.ingramcontent.com/pod-product-compliance
Lightning Source LLC
Chambersburg PA
CBHW071345280526
45787CB00001B/226